AF299727

ANIÉLA,

OU

LE PRISONNIER EN RUSSIE,

Épisode historique, dialogué et mêlé de chants, en trois époques, de la guerre de 1812,

PAR M. SAINT-RAMBERT.

DISTRIBUTION DE LA PIÈCE.

Première époque.

ANIÉLA DE WALDIMIR.
ALFRED DE LUCEVAL, officier.
THIERRY, vieil hussard.
GERTRUDE, gouvernante.

Deuxième époque.

LE COMTE DE MANSOUROFF, gouverneur de Kasan.
LA COMTESSE, son épouse.
LE COLONEL, son fils.
ALFRED DE LUCEVAL.
KERIKOFF, intendant.
OFFICIERS RUSSES, PAYSANS ET PAYSANNES.

Troisième époque.

ANIÉLA DE WALDIMIR.
Mme DE LUCEVAL.
LE MARQUIS DE LUSSAN.
ALFRED DE LUCEVAL.
THIERRY.
GERTRUDE.

La scène se passe à Moscou, un mois après l'incendie, dans un pavillon dépendant du palais du prince de Waldimir.

ACTE PREMIER.

Première époque, 1812. Départ de Moscou.

Le théâtre représente un salon russe, simplement décoré ; à droite est la chambre d'Aniéla, à gauche celle de l'officier français.

SCÈNE I.

GERTRUDE, seule, écoutant à la porte de droite.

Cette bonne maîtresse, elle dort encore ; elle repose, tandis que tous les fléaux de la guerre sont déchaînés sur sa malheureuse patrie, et que notre cité naguère si riche et si florissante est livrée au pillage et dévorée par les flammes... Pauvre enfant, puisse-t-elle oublier tous les maux qu'elle a soufferts ! Autrefois si gaie et si jolie, tous les prestiges de l'opulence et de la grandeur semblaient l'environner... mais aujourd'hui quelle différence !... Orpheline, seule en ces lieux, il ne lui reste plus que moi, qui suis bien vieille et qui ne la protégerai pas long-temps.

AIR : de l'Anonyme.

Ce n' serait rien pour moi, mais pour mam'selle,
Que je chéris, que j'aim' comm' mon enfant :
Au célibat quand je restais fidèle,
Était-ce, hélas ! pour avoir tant d' tourment !...
Lorsque l'on a passé la cinquantaine,
Et que l'amour n'est plus rien pour not' cœur,
Il est bien dur d'éprouver tant de peine,
Lorsque l'on a si besoin de bonheur...   (bis.)

Mais j'oublie ce bon et généreux M. Alfred, cette providence que le ciel nous a envoyée ; car c'est lui qui a sauvé de l'incendie ce pavillon que les flammes allaient atteindre. C'est lui qui a placé la sentinelle qui veille sur cette demeure... Brave et digne jeune homme, il te reste du moins, pour prix de ta bonne action, l'estime et la reconnaissance d'une infortunée dont tu as protégé la vie et l'innocence...

SCÈNE II.

THIERRY, GERTRUDE.

THIERRY, *en dehors.*

Peut-on entrer, mademoiselle Gertrude, peut-on entrer ?

GERTRUDE, *allant à la porte.*

Qui êtes-vous ?.. que voulez-vous ?... Ah ! c'est Thierry... celui-là n'est pas à craindre. Entrez et ne faites pas de bruit, car M. Alfred n'est pas encore sorti de son appartement, il est si bon et si affligé de tout ce qui se passe ici, qu'il faut prendre garde de l'éveiller.

THIERRY.

Il est vrai de dire que depuis que nous sommes dans ce pays, l'on ne nous donne guère le temps de nous reposer. L'on ne dort pas toujours bien, au milieu de cinq pieds de neige, au bruit du canon et de la mitraille : c'est un réveil-matin qui se fait mieux entendre que la sonnette de l'antichambre... Que voulez-vous, c'est le sort ordinaire du soldat ; à gauche, à droite, quelquefois bien, plus souvent mal, mais toujours en avant, l'arme au bras, et voilà...

AIR : *Simple soldat né d'obscurs laboureurs.*

Quand je partis mon paquet sur le dos,
Dans mon village on me prédit d'avance,
Que je serais quelque jour un héros,
Peut-être même un maréchal de France...
Fortune, honneurs .. que dans un jour d'éclat ,
Chacun attend pour prix de la victoire...
Depuis vingt ans qu'hélas je suis soldat,
J' n'espèr' plus rien, car j' vois qu' dans mon état,
  Il faut s' contenter de la gloire !...

Mille cartouches ! si j'avais su seulement lire et écrire, j'ai eu des occasions... Mais mon père était comme moi vieux soldat, sans fortune, et n'avait pas le moyen de me donner de l'éducation.

GERTRUDE.

Eh quoi ! c'est pour cela que vous êtes toujours resté soldat !...

THIERRY.

Pas autre chose ; car pour le courage, je n'en ai jamais manqué, et je puis me vanter d'en avoir autant qu'un autre ; mais c'est égal.

GERTRUDE.

A propos, avez-vous rempli les volontés de mademoiselle ?... sait-on ce que le comte de Waldimir est devenu ?...

THIERRY.

C'est déjà fait. Un monsieur en noir, un homme de loi, je pense, qui m'a dit être l'intendant de ce beau palais doré, dont, par parenthèse, il ne reste plus que les quatre murailles, tant ces coquins de Russes ont mis d'acharnement à brûler leurs maisons, contemplait tristement l'ouvrage de ses compatriotes. . de grosses larmes roulaient dans ses yeux. Vrai, ça faisait de la peine à voir. A peine ai-je prononcé le nom de Waldimir, qu'il ajoute : « Quoi, » vous avez connu le comte de Waldimir ; ah ! c'é- » tait là un brave homme, puisqu'il est mort » en combattant pour son pays. » Il paraît, d'après ce que j'ai compris, qu'il a été tué à la tête de son régiment par nos tirailleurs.

GERTRUDE.

Eh quoi , lui aussi !... Pauvre Frédéric , un enfant que j'ai vu élever, le frère de ma jeune maîtresse... Cachons-lui encore cette affreuse nouvelle.

THIERRY.

Ah ! c'était le frère de mademoiselle ; il paraît que c'était un fameux militaire et qui savait joliment se battre, car il faut voir comme on en parle dans toute la ville. C'est bien flatteur pour mademoiselle au moins... Mais pardon, (*Tirant sa montre.*) j'oublie qu'il est neuf heures, et que mon lieutenant a besoin de mes services. Avec votre permission je vais aller voir s'il est éveillé, d'autant mieux que j'ai des lettres pressées à lui remettre ce matin. Au revoir, mam'selle Gertrude ; à tantôt.

(*Il sort.*)

SCÈNE III.

GERTRUDE, *seule , entr'ouvrant la porte de droite.*

Celui-là est bien le plus brave homme que je connaisse. Mais mademoiselle est levée enfin, et déjà elle écrit... à sa tante peut-être, à Mme la comtesse de Mansouroff, qui vint l'année dernière à pareille époque avec ses enfans, ainsi que M. le comte qui était gouverneur de Kasan : toute la famille se trouvait réunie ici, dans ce palais... Je vois encore ma pauvre maîtresse, Mme la princesse de Waldimir, embrassant tendrement M. Yvan, son neveu, qui sortait de l'école militaire des cadets de St-Pétersbourg... Le matin, c'était des balançoires, des courses en traîneau ; le soir des bals et des concerts de toute espèce, ici, il y a à peine une année... quelle différence aujourd'hui !.. (*On entend un coup de sonnette.*) On y va, mademoiselle, on y va.

SCÈNE IV.

GERTRUDE, ANIÉLA.

GERTRUDE.

Du courage, mademoiselle, et appuyez-vous sur mon bras, je suis là pour vous soutenir. Comment vous trouvez-vous aujourd'hui ?...

ANIÉLA.

Merci , bonne Gertrude ; un peu mieux qu'hier ;

mais je suis si faible encore et si souffrante, que je sens que j'ai le plus grand besoin de calme et de repos.

Air : Ce que j'éprouve.

Quand le sommeil, comblant mes vœux,
Vient reposer ma pauvre tête,
Je rêve de ces jours de fête,
Où tous, réunis en ces lieux,
Nous fûmes si long-temps heureux...
D'un songe éprouvant la chimère,
Je ne vois que fête et plaisir,
Et sans crainte de l'avenir...
Car je me crois près de ma mère ;
Mais ce n'est plus qu'un souvenir... (*bis*)

GERTRUDE.

Allons, mademoiselle, allons, soyez plus raisonnable, n'ayez plus de pareilles idées et asseyez-vous là, auprès de moi.

ANIÉLA, s'asseyant.

En effet, tu as raison, et je dois prendre sur moi-même... Mais as-tu des nouvelles de M. Alfred ce matin ? Le ciel doit-il nous laisser long-temps encore sa généreuse protection !...

GERTRUDE.

Oh oui, mademoiselle ; il faut l'espérer ; Thierry sort d'ici à l'instant même, et il apporte à M. Alfred des lettres de France, ainsi que des dépêches de l'armée.

ANIÉLA.

Tu te rendras auprès de M. de Luceval ; tu lui demanderas de ma part des nouvelles de sa santé... (A part.) Oh oui, elle m'est bien chère... (Haut.) et s'il veut accepter le déjeuner de la pauvre orpheline... Va, et veille surtout à ce qu'il ne lui manque rien. Sa présence en ces lieux me fait du bien, et il me semble, lorsqu'il est ici, près de moi, qu'il me reste encore quelque chose sur la terre...

GERTRUDE.

Il suffit, mademoiselle, et j'y vais.

(Elle sort.)

SCÈNE V.

ANIÉLA, seule.

Lorsqu'un sort fatal conduisit pour notre malheur commun l'armée française sur ces rives, la crainte des dangers et des désastres qui sont la suite inévitable de la guerre, engagea un grand nombre de familles à quitter cette ville ; elles allèrent sur une terre étrangère chercher un asile hospitalier. Leur exemple, ni les conseils de ses amis, ne purent décider ma pauvre mère à quitter ces lieux ; nous restâmes, et le ciel fut alors témoin de nos vœux et de nos espérances... Mais hélas ! si une nécessité cruelle a pu forcer des habitans malheureux, réduits au désespoir, à livrer aux flammes leurs demeures, leurs trésors, dernière ressource qu'ils voulaient soustraire à leurs ennemis, faut-il en accuser autre chose que les horreurs de la guerre, car un peuple, quel qu'il soit, ne peut être responsable de pareils forfaits.

SCÈNE VI.

ANIÉLA, GERTRUDE.

GERTRUDE.

Mademoiselle, M. Alfred m'a chargée de vous exprimer tous ses regrets ; mais comme il est obligé de sortir ce matin, il va se rendre auprès de vous aussitôt qu'il aura répondu aux lettres qu'on vient de lui apporter.

ANIÉLA.

N'importe, viens, bonne Gertrude, je me sens mieux aujourd'hui et je vais faire un peu de toilette pour le recevoir. Car il ne faut pas qu'il ignore toute la reconnaissance que j'ai pour les services qu'il nous a rendus.

(Elles sortent.)

SCÈNE VII.

ALFRED, tenant une lettre à la main.

Il est donc des pressentimens qui ne trompent jamais !... Oui, plus je songe à cet ordre de départ, plus mes idées se troublent et se confondent ; car je sens mieux que jamais combien j'aime Mlle de Waldimir. Eh quoi ! rester ici et demeurer avec elle, lorsque mon devoir m'ordonne de partir... d'un autre côté, l'abandonner à elle-même, au milieu de tous les fléaux de la guerre, lorsqu'il y a un mois à peine, j'ai juré à sa mère mourante de veiller sur elle, d'être son protecteur... Mais encore que faut-il faire... quel parti prendre !... Si je l'emmenais loin d'ici, ainsi que sa gouvernante, à la suite de l'armée, par exemple. Oui, mais qui peut me répondre de l'avenir ?... car nous allons entrer en campagne, et il faut songer au chapitre des accidens !... Que deviendrait-elle alors, si je venais à lui manquer ! en vérité ma tête se perd, et ma raison s'égare !... Quelle idée !... mais j'y pense ; Thierry est la probité en personne... si je lui confiais mon embarras, si je lui demandais un service, ne serait-ce pas le moyen le plus sûr... Justement le voici... Allons, je vais lui dire avec franchise.

SCÈNE VIII.

ALFRED, THIERRY.

THIERRY, en s'en allant.

Mon lieutenant, pardon si je vous dérange ; mais je me retire...

ALFRED.

Non, au contraire, reste, car j'ai à te parler, j'ai même un service à te demander.

THIERRY.

Un service, à moi ? Parlez, mon lieutenant, parlez, car je suis toujours prêt à vous obéir.

ALFRED.

Comme je n'ai jamais douté de ton amitié, dont j'ai reçu des preuves dans tant d'occasions différentes, j'exige de toi un dernier sacrifice, mais il est grand et digne de tout ton dévoûment.

THIERRY.

Vous le savez, ma vie entière vous appartient.

ALFRED.

Ce n'est pas de cela qu'il s'agit pour le moment ; mais il faut que dans une heure tu sois prêt à partir pour la France...

THIERRY, étonné.

Pour la France, mille bombes !...

ALFRED.

Oui, et j'ai voulu te consulter à cet égard avant de demander ton congé au colonel.

THIERRY.

Eh quoi ! vous quitter au moment du danger ! abandonner mon régiment lorsque nous allons entrer en campagne ! Oh non , mon lieutenant ; demandez-moi plutôt ma vie ; placez-moi, si vous le voulez, en sentinelle perdue, sous le feu et la mitraille du canon, je ne me plaindrai pas de mon sort, au contraire ; mais quitter mon régiment que j'ai vu renouveler trois fois, depuis que nous avons affaire à ces coquins de Russes, oh ! non, jamais je n'aurai ce courage.

ALFRED.

Ecoute, Thierry, si c'était dans une circonstance ordinaire, j'aurais hésité à mettre ton dévoûment à une telle épreuve ; car je connais tes bons sentimens et je sais tout ce que l'on doit attendre d'un homme tel que toi. Mais une infortunée a été confiée à mes soins.

THIERRY.

Que dit-il !

ALFRED, continuant.

Seule au monde, sans parens, sans amis, elle n'a plus aujourd'hui d'autre appui , d'autre protecteur que moi, qui serai bientôt obligé de m'éloigner d'elle, car tu sais comme moi que le régiment va partir pour Smolensk.

THIERRY.

C'est vrai , car c'est moi qui vous ai apporté l'ordre de départ.

ALFRED.

Tu vois donc qu'il n'y a pas un seul instant à perdre. Ainsi, tu vas partir pour la France, tu accompagneras dans sa voiture Mlle de Waldimir, et Gertrude , sa gouvernante, vous suivra dans le voyage. Avec ce sauf-conduit, que tu présenteras aux autorités, lorsque tu traverseras un pays occupé par l'ennemi, on te laissera passer librement et tu arriveras ainsi sans difficultés jusqu'aux frontières de France.

THIERRY.

Il est donc dit que vous me chassez après vingt ans de service, lorsque j'avais une si belle occasion de me faire tuer.

ALFRED.

Ah ! Thierry, peux-tu avoir de pareilles idées...

Air : En attendant que le punch se présente.

C'est un dépôt qu'à tes soins je confie ;
Garde-le bien après tant de revers...
En retrouvant une mère chérie,
Elle oubliera les maux qu'elle a soufferts.

Puisse le sort qui la ramène en France,
Grace à mes vœux, lui rendre le bonheur !...

THIERRY, ému.

Eh bien, comptez sur mon obéissance...

ALFRED.

Non, j'aime mieux compter sur ton bon cœur.

ENSEMBLE.

C'est un dépôt qu'à tes soins je confie, etc.

THIERRY.

C'en est donc fait, pour moi plus d'espérance,
Loin de ces lieux, hélas ! il faut partir...
Cachons du moins mes regrets, ma souffrance ,
Puisque mes pleurs ne peuvent l'attendrir.

J'en mourrai de chagrin, c'est sûr ; mais vous le voulez, et j'obéirai.

ALFRED.

Va d'abord faire tes préparatifs, et lorsque la trompette sonnera le boute-selle , quand le régiment sera au moment de se mettre en marche , tu viendras m'avertir ; alors je te donnerai mes dernières instructions : va, mon ami.

(Il sort.)

SCÈNE IX.

ALFRED, seul.

L'excellent homme !... j'ai vu un instant où mon courage allait m'abandonner et que j'allais consentir... Le fait est que le sacrifice est grand. Mais Aniéla , cet ange consolateur , dont les soins si tendres et si délicats m'ont en quelque sorte rappelé à la vie , pouvais-je, moi, rester indifférent à son sort. Pauvre enfant, que le ciel la protège dans le cours de ce long voyage... (Il écrit et dit tout haut) « Et vous ma mère, et vous ma sœur, » qui allez la presser sur votre sein, donnez-lui les » noms de fille et de sœur chérie, elle est si digne » de votre amour !... Pour moi, si je meurs, ma » dernière heure sera moins pénible en songeant » qu'Aniéla est en France , auprès de vous... Au » quartier général de la grande armée, le 15 sep-

» tembre 1812... Nous partons aujourd'hui pour » Smolensk... » Cette lettre est peut-être la dernière qu'ils recevront de moi... C'est notre sort ordinaire à nous autres militaires... Mais comment annoncer cette nouvelle à Aniéla? je sens trop par moi-même combien cette séparation doit lui causer de peine... Aussi bien, la voici; dissimulons mon trouble et mon embarras...

SCÈNE X.
ALFRED, ANIÉLA.

ANIÉLA.

N'entendant plus personne au salon, je vous croyais sorti, mon ami; si j'eusse pensé que vous étiez seul en ce moment, j'aurais quitté mon appartement, et je serais venue vous tenir compagnie.

ALFRED.

C'est trop de bonté de votre part, en vérité; mais au moment où vous entriez, je venais de terminer une lettre pour ma mère : je lui parlais de vous, Aniéla, de mes espérances, et du bonheur que j'éprouverais si je vous savais en France, auprès d'elle.

ANIÉLA.

Mais à quoi bon, n'êtes-vous pas ici pour me défendre et me protéger?...

ALFRED.

Oui, mais c'est égal...

Air : de la Somnambule.

Là, plus heureuse au sein d'une famille,
Dont les bons soins sauraient vous attendrir ;
L'on vous verrait, plus calme et plus tranquille,
Du temps passé perdre le souvenir.
Oui, d'une mère éprouvant la tendresse,
Que votre sort alors deviendrait doux...

ANIÉLA.

Puisque mon sort ainsi vous intéresse,
Moi, j'aime mieux le malheur avec vous.   *(bis.)*

Avec vous, mon ami, je me sens plus calme et plus résignée ; il me semble que je retrouve mon énergie. Oui, je veux désormais partager vos dangers et vos souffrances; toujours à vos côtés, comme une tendre sœur, vos plaisirs, s'il m'est encore donné d'en goûter sur la terre, vos plaisirs seront les miens. Mais dites-moi bien que nous ne nous quitterons plus, n'est-ce pas vrai, mon ami?...

ALFRED, à part.

Quel cruel embarras! Oh! non, je n'aurai jamais le courage de lui dire la vérité. (Haut.) Oui, chère Aniéla, je sens tout ce qu'a de touchant pour mon cœur ce tendre attachement dont vous venez de me faire l'aveu, les chagrins que l'on partage sont en effet plus vite oubliés... Croyez bien que ma vie entière et ma reconnaissance vous sont acquises à jamais.

ANIÉLA.

Ce cher Alfred... il est si bon...

ALFRED.

Mais cependant, car il faut tout prévoir et songer à tout, lorsque l'on est dans ma position, si un destin contraire, un événement imprévu, que sais-je moi, si un boulet de canon venait à m'enlever comme tant d'autres.

ANIÉLA.

Que veut-il dire? ne sommes-nous pas déjà assez affligés par tous les chagrins qui nous arrivent, sans chercher à les augmenter encore par les plus sinistres pressentimens?

ALFRED.

Enfin, si un accident quelconque venait à nous séparer, eh bien! ma douleur serait moins vive, si c'est possible, en songeant, Aniéla, qu'il vous resterait pour guide et pour appui un homme qui mérite toute votre confiance et qui est l'honneur et la probité même.

ANIÉLA.

Mais qui peut vous donner de pareilles craintes?... car ce n'est pas ainsi que vous me parliez hier et ces jours derniers passés. Avez-vous donc oublié, monsieur, les dernières paroles que ma pauvre mère vous adressa de son lit de mort?... (Lui présentant le testament de sa mère.) Prenez et lisez. (Elle lit.) « Si » quelque chose, vous disait-elle, pouvait me » faire regretter une vie dont le chagrin a avancé le » terme, ce serait l'idée de la triste situation dans » laquelle je laisse ma fille. Acceptez des mains » d'une mère mourante ce dépôt sacré qu'elle vous » confie; soyez le protecteur, le frère d'Aniéla, et » le ciel veillera sur l'innocence confiée à l'hon- » neur. » Puis elle vous donna sa bénédiction et vous promîtes, monsieur.

ALFRED.

Oui, je sens mieux que jamais ce que ce serment m'impose d'obligations, et je saurai les remplir... dussé-je en mourir de douleur...

SCÈNE XI.
LES MÊMES, GERTRUDE.

GERTRUDE.

Mademoiselle, vous oubliez que votre déjeuner vous attend, et que vous n'avez encore rien pris ce matin. Si vous voulez passer de ce côté?...

ANIÉLA.

Bien volontiers, d'autant mieux que je me sens plus d'appétit que d'ordinaire.

ALFRED.

Permettez-moi, du moins, de vous offrir mon bras.

ANIÉLA.

Sans rancune, n'est-ce pas, mon ami, et à tantôt!...   (Elles sortent.)

SCÈNE XII.
ALFRED , seul.

Oui, je le sens, si je tardais davantage, je ne répondrais plus de moi , car je n'aurais pas la force de lui résister ; mais, il faut s'armer de courage. Si j'étais sourd à la voix de l'honneur, si je ne partageais pas les dangers de mes compatriotes , je suivrais Aniéla, j'irais en France , avec elle... mais serais-je digne de porter une épée ! digne de cette noble croix que j'ai reçue des mains de l'empereur lui-même ?.., Non, je ne dois pas hésiter à faire le sacrifice de mon amour à mes devoirs.., Avant d'aimer Aniéla, d'ailleurs, j'aimais mon pays, j'aimais la France... et rien ne saurait m'empêcher de suivre mon régiment... mais qu'elle sache du moins, qu'en remplissant un devoir sacré, impérieux, ma dernière pensée aura été pour elle...

SCÈNE XIII.
ALFRED, THIERRY , en costume de voyage.

THIERRY, d'un air résigné.

Mon lieutenant, je suis prêt à vous obéir, maintenant, qu'avez-vous à me dire ?...

ALFRED.

C'est bien ; j'étais sûr d'avance de ton dévoûment et je t'en remercie... Prends d'abord ces deux lettres, l'une est pour ma mère , l'autre pour ma sœur ; à ton arrivée en France, tu auras soin de les remettre à leur adresse. Quant à toi , mon vieil ami, tu n'as pas besoin de t'inquiéter de ton avenir ; ma famille saura pourvoir à tous tes désirs. Prends aussi ce billet que tu remettras à Mlle de Waldimir, lorsque j'aurai eu le temps de m'éloigner de ces lieux. Songe que tu me réponds d'elle sur l'honneur, et que tu me promets de ne la quitter que lorsque tu l'auras remise entre les mains de ma mère ?...

THIERRY, froidement.

Je vous le jure...

ALFRED.

Il suffit, et je n'en demande pas davantage. Maintenant c'est entre nous, à la vie, à la mort...

(Au même instant, l'on entend la trompette qui sonne le boute-selle.)

ALFRED, ajustant son sabre et sa giberne.

Air : du Luth galant.

De la trompette, entends-tu le signal ?...

THIERRY, d'un air accablé.

Mon lieutenant, que ce son me fait d'mal...

ALFRED.

Pour la première fois tu pleures, il me semble...

THIERRY.

Quand sur ces bords glacés même sort nous rassemble,
Je croyais que la mort nous trouverait ensemble.
     Maint'nant tout m'est égal.   (bis.)

ALFRED.

Même Air :

Un sacrifice aussi grand, je le sais,
Est au dessus du prix de mes bienfaits ;
Mais songe qu'une mère, en perdant l'existence,
Me remit son enfant, sa dernière espérance...
Son bonheur désormais sera ta récompense,
     Ses vœux sont satisfaits...   (bis.)

(Embrassant Thierry.)

Adieu, mon vieil ami, adieu, peut-être nous nous reverrons un jour.

(Au même moment l'on entend une musique militaire, qui annonce le départ du régiment.)

SCÈNE XIV.
THIERRY, ANIÉLA, GERTRUDE.

ANIÉLA.

Qu'ai-je entendu ! Cette musique militaire, ces fanfares guerrières... quel affreux pressentiment !.. Alfred !... Alfred !... Oh ! mon Dieu ! il ne répond plus... et son régiment ?...

THIERRY, d'un air accablé et lui remettant la lettre.

Il est parti...

(Aniéla tombe évanouie dans les bras de Gertrude. Thierry semble anéanti ; ses yeux sont fixés contre terre, sa figure indique un violent désespoir.)

ACTE SECOND.

Deuxième époque, 1813. Séjour à Kasan.

—

La scène se passe à Kasan, dans le palais du gouverneur. — Le théâtre représente une galerie disposée pour une fête brillante.

SCÈNE I.

KÉRIKOFF, au milieu d'une foule de payans. Il lit.

« Par ordre supérieur des autorités civiles et militaires de la ville de Kasan, vous êtes tous avertis que c'est demain la fête de notre bien-aimé czar et empereur de toutes les Russies. Pour célébrer cette mémorable journée, sa majesté a daigné permettre à ses plus humbles vassaux de se divertir pendant quarante-huit heures inclusivement. Vous êtes donc prévenus qu'il y aura ce soir et demain des jeux de toute espèce, tels que mâts de cocagne, balancoires, promenades en sac et en traineau, etc, etc. Il faut que la joie se lise sur tous les visages, et que chacun célèbre cette fête si chère avec toute l'effervescence de ses sentimens, en un mot, il faut

Air de Lestocq.

CHOEUR.

Que tout bon Moscovite
N'écoute que son cœur,
Quand le devoir l'invite
A fêter l'empereur.

L'INTENDANT.

Que notre bon génie,
Le grand saint Nicolas,
Protège la Russie
Dans de nouveaux combats...

TOUS.

Que tout bon Moscovite
N'écoute que son cœur, etc.

L'INTENDANT.

Que le destin prospère,
En exauçant nos vœux,
Nous conserve un bon père
Qui sait nous rendre heureux...

TOUS.

Que tout bon Moscovite
N'écoute que son cœur,
Quand le devoir l'invite
A fêter l'empereur...

(Ils sortent en criant : *Vive l'empereur ! vive l'empereur.*)

SCÈNE II.

KÉRIKOFF, les conduisant.

C'est bien, mes amis, c'est très bien... il est entendu que tout le monde s'amusera... Allons, tout va jusqu'à présent à merveille et les ordres du gouverneur seront exécutés dans toute leur étendue... Ces bons paysans, ils danseront, ils joueront et s'amuseront parce que tel est le bon vouloir du czar... Au fait, ils ont raison de s'amuser ainsi, puisque c'est l'usage en Russie, et que ces mots *désir de prince* veulent presque toujours dire *ordre supérieur*, et *volonté sans appel...*

Air : De sommeiller encor, ma chère.

Dans ce pays, il faut que l'on s'amuse,
      Ou bien que l'on dise pourquoi !...
      Malheur à celui qui refuse
      De s'amuser, quand c'est la loi !...
Cent coups de knout, telle est la récompense ;
      Aussi chez nous les *mécontens*,
      Comme ils savent la loi d'avance,
      Sont toujours joyeux et coutens.

Mais je veux aussi que le gouverneur soit satisfait de la fête que je prépare ; elle coûtera cher : mais qu'importe, pourvu qu'il en soit parlé dans tout le royaume, car elle sera magnifique.

SCÈNE III.

KÉRIKOFF et le GOUVERNEUR à son état-major.

Oui, messieurs, je connais votre dévoûment pour l'empereur, et je ferai parvenir jusqu'au pied du trône l'expression de vos sentimens : car ces sentimens je les partage avec vous du fond de mon cœur, et je fais des vœux sincères pour que la Providence conserve long-temps encore des jours qui sont si précieux pour le peuple moscovite... (S'adressant à l'intendant.) Ah ! c'est vous, Kérikoff... Eh bien, avez-vous exécuté mes ordres ?

KÉRIKOFF.

Oui, monseigneur, j'ai fait connaître vos intentions à nos paysans, et tous, sans exception, ont

été pénétrés de la plus vive reconnaissance pour les bontés de monseigneur. L'enthousiasme était universel et la joie générale.

LE GOUVERNEUR.

Je connais votre zèle, et je ne doute pas que la fête de ce soir ne soit aussi brillante et aussi animée que je le désire.

KÉRIKOFF.

Monseigneur doit être persuadé que je ferai tout ce qui dépendra de moi pour qu'il soit satisfait de mes services.

SCÈNE IV.

LE GOUVERNEUR, avec son état-major.

Avec le temps et l'aide de Dieu, messieurs, nous parviendrons à réparer les maux que la guerre a causés dans tout le royaume. En attendant, il faut continuer à entretenir dans nos régimens cette obéissance passive, cette fermeté de discipline qui font la force d'une armée. C'est avec l'idée de sa supériorité que le soldat doit affronter la mort sur le champ de bataille. Je dois aussi vous annoncer que, pour me conformer à des ordres supérieurs, j'ai fait inviter à notre fête quelques-uns des prisonniers français qui sont en ce moment à Kasan. Ce sont de braves officiers et des ennemis généreux auxquels il faut savoir pardonner de nous avoir quelquefois battus sur les champs de bataille. Nous leur devons, ou plutôt nous nous devons à nous-mêmes, par esprit national, de donner à ces étrangers la meilleure idée de notre caractère et de notre civilisation qui sont trop méconnus en France... Oui, messieurs, je désire qu'ils soient traités ici avec la plus grande distinction, et qu'ils apprennent, qu'en fait d'hospitalité, la franchise moscovite ne le cède en rien à l'urbanité française...

LES OFFICIERS.

Nous comprenons parfaitement vos intentions, général, et nous jurons de les traiter ici comme des frères.

LE GOUVERNEUR.

C'est très bien, messieurs : honneur et respect au courage malheureux !

AIR : Un matelot (de Duchambge).

Ces prisonniers échappés au naufrage,
Et gémissant de leur captivité,
Viennent chercher, sur un lointain rivage,
Les droits sacrés de l'hospitalité...
Faire le bien, secourir l'indigence,
Est pour vos cœurs le plaisir le plus doux...
Protégez—les, si vous voulez qu'en France,
Ces malheureux se souviennent de vous...　(*bis.*)

Allez, et n'oubliez pas mes instructions...
(Ils sortent.)

SCÈNE V.

LE GOUVERNEUR, seul.

Maintenant que je suis seul, ouvrons cette dépêche et voyons ce qu'elle contient. (Lisant.) Quartier général de la grande armée... Bautzen, le, etc. C'est bien ce que j'attendais.... (Il lit.) « Mon général, » j'ai l'honneur de vous transmettre le dernier bul- » letin que je vous avais annoncé par ma précé- » dente. Nous avions compté, toute la journée du » 19, sur une affaire décisive, mais nous avons été » cruellement trompés... Après nous être emparés » de Bautzen et des hauteurs qui se trouvent à » droite et à gauche de la ville, un dernier enga- » gement nous chassa de nos positions, et nous » fumes obligés de nous replier derrière le ruisseau » de Siéder-Kaina, etc. Enfin, nous avons perdu, » dans ces deux journées, environ 18,000 hommes » tant tués que blessés, et laissé 3,000 hommes au » pouvoir des Français, dont la perte peut être » évaluée à 12,000 hommes, mis hors de combat... » Telle est, mon général, la nouvelle que j'ai la » triste mission de vous annoncer..., etc. »

(Haut.) Voilà donc cette vérité que j'appréhendais de connaître. Si je la dis tout haut elle détruira l'effet de la fête de ce soir, et si je la tais, je laisse dans l'incertitude une foule de gens qui sont de la meilleure foi du monde et qui auront la bonté de croire au dernier rapport... Au reste, le silence est quelquefois un devoir, et je le garderai officiellement, du moins.... car les mauvaises nouvelles s'apprennent toujours assez vite...

SCÈNE VI.

LE GOUVERNEUR, LA COMTESSE, son épouse.

LA COMTESSE.

Que c'est aimable à vous, mon ami, d'avoir songé ainsi à nos plaisirs. Oui, votre fête sera ravissante : il y a dans tous ces apprêts une magnificence de bon goût qui nous vaudra, j'en suis certaine, les complimens et les éloges de tous nos boyards. Mais, pour Dieu, je vous en conjure, que la politique, cette manie ridicule qui apporte presque toujours avec elle l'ennui et la contrainte dans nos salons, soit expressément consignée à la porte du palais ; je vous le demande en grace, mon ami.

LE GOUVERNEUR.

Je vous le promets avec d'autant plus de plaisir, que je ne me sens point disposé à répondre à toutes les questions qui pourront m'être adressées à l'occasion de cette paix présumée de Bautzen, entre les puissances alliées et la France, ce qui n'est rien moins qu'assuré.

LA COMTESSE.

Je vous en remercie d'avance...

Air : Du piège.

Laissons la guerre et les combats.
Puisqu'en ces lieux le plaisir nous rassemble :
Et nous, qui ne combattons pas,
Sachons nous amuser ensemble.
Si l'on nous voit ici nous réunir,
Que ce soit pour la même cause ..
Quand il s'agit de bal et de plaisir ;
Peut on s'occuper d'autre chose ?

LE GOUVERNEUR.

C'est vrai, et je vais donner des ordres à cet égard.
(Il sort, après lui avoir baisé la main.)

SCÈNE VII.

LA COMTESSE, seule.

Au milieu de tous les préparatifs brillans de cette fête que j'ai désirée, je ne sais quelle idée triste me préoccupe et me poursuit sans cesse. Je songe à ceux qui sont loin d'ici et je me demande, en tremblant, ce que sont devenus nos parens de Moskow durant l'épouvantable incendie qui a détruit cette malheureuse cité. La seule chose que nous avons pu savoir, par la correspondance du général, c'est qu'au moment où les troupes françaises se retiraient de Kremlin, la princesse, notre excellente sœur, était retenue au lit par une maladie dont on ne nous disait ni le nom, ni la gravité, et qu'Aniéla sa fille était auprès d'elle à lui prodiguer les soins les plus tendres et les plus empressés. Mais, depuis cette nouvelle, il nous a été impossible d'obtenir aucune espèce de renseignemens, et je ne sais pourquoi...
(Ici l'orchestre commence l'air de la Dame Blanche, à mesure que les invités arrivent.)*

SCÈNE VIII.

LA COMTESSE, ALFRED.

UN DOMESTIQUE annonçant.

M. le baron et Mme la baronne de Woronski, la comtesse Poteska, M. Alfred de Luceval et ses amis.

LA COMTESSE.

Mais voilà le monde qui commence à arriver et bientôt le salon va se remplir... (Tandis que la comtesse est allée au devant de la baronne de Woronski à qui elle serre affectueusement la main, celle-ci traverse le théâtre pour se rendre au salon, ainsi que toute la compagnie ; Alfred arrive sur le devant du théâtre ; après avoir examiné toute la richesse qui décore les salons du gouverneur, il s'arrête comme anéanti devant un tableau qui représente Aniéla.)

* Pendant cette scène, les invités arrivent successivement et quelques uns se promènent dans les galeries, en causant entre eux.

ANIÉLA.

ALFRED.

Ciel !... qu'ai-je vu !... Aniéla.

LA COMTESSE.

Que dit-il !...

ALFRED.

Air : De la Dame blanche (Je n'y puis rien comprendre).

D'où vient mon trouble extrème ?
Quels chants harmonieux !...
Ne suis-je plus moi-même ;
Dois-je en croire mes yeux ?
Eh quoi ! celle que j'aime
M'apparait en ces lieux !

LA COMTESSE, à part.

D'où vient en effet cette surprise que lui cause le portrait de ma nièce ?

ALFRED.

Pardonnez, madame, à l'émotion qui m'agite en ce moment, en retrouvant ici l'image d'une personne qui m'est bien chère et que je ne croyais plus revoir que dans mes rêves... pendant mon sommeil...

LA COMTESSE.

De grace, veuillez me dire, monsieur, comment vous avez connu la famille du prince de Waldimir ; car nous aussi nous la connaissons et lui portons beaucoup d'intérêt.

ALFRED,

Hélas! madame, c'est une histoire bien longue à vous raconter ; mais puisque vous le désirez, je vais vous satisfaire. Mon régiment faisait partie de l'avant-garde et nous étions entrés des premiers dans Moscou ; comme je cherchais mon logement, j'aperçois dans une rue déserte un pavillon que les flammes avaient épargné et qui dépendait d'un magnifique palais dont il ne restait plus que les quatre murailles. Je veux m'en emparer avec un de mes soldats ; mais le spectacle le plus inattendu me fait rester immobile sur le seuil de la porte, au point que j'hésitai quelque temps avant de savoir si j'entrerais.

LA COMTESSE.

Parlez, monsieur, parlez, de grace.

ALFRED.

Eh bien! j'entrai dans cette demeure. Là, triste et les larmes aux yeux, une jeune fille veillait près du lit de sa mère malade.

LA COMTESSE, à part.

Oh! mon Dieu, que va-t-il m'apprendre!

ALFRED.

Vous sentez combien dans ma position je devais craindre d'être indiscret en restant plus long-temps dans cette maison. Je voulus me retirer ; mais la malade ayant insisté pour que je restasse près d'elle, pour servir de protecteur à sa fille, dans le cas où elle viendrait à mourir, je n'eus pas le courage de les abandonner, et je restai...

LA COMTESSE.

Et que devint la maladie de la princesse?...

ALFRED.

Elle prit un caractère tellement grave et tellement désespéré qu'au bout d'un mois...

LA COMTESSE.

Assez, monsieur... Et sa pauvre fille?...

ALFRED.

Je la pris sous ma protection, l'aimant et la chérissant comme une tendre sœur. Mais comment marcher à la suite de l'armée, au milieu des privations et des souffrances de toute espèce. Enfin, madame, la veille de notre départ pour Smolensk, voyant que la fatigue détruisait sa santé et que nous allions être exposés à des dangers inévitables, je formai le projet d'employer le peu d'argent qui me restait pour la faire conduire en France, ainsi que sa vieille gouvernante; je la remis entre les mains d'un vieux soldat dont la fidélité m'était éprouvée. Il me promit sur l'honneur qu'il la protégerait comme son enfant, et qu'il ne la quitterait qu'après l'avoir déposée entre les mains de ma mère; je le connais, il aura tenu son serment. Quant à moi, quelques jours après, je passai la Bérézina, où je fus fait prisonnier, et dépouillé de tout, car ils ne m'ont laissé que ces deux objets qui ne pouvaient leur servir... (Montrant le portrait d'Aniela, ainsi que le testament de sa mère.) Maintenant, madame, vous en savez autant que moi...

LA COMTESSE.

Mais puisque vous l'aimiez, puisque vous l'aviez reçue des mains d'une mère mourante, comment avez-vous pu vous décider à la quitter, à vous éloigner d'elle, et surtout à l'envoyer en France, lorsqu'elle avait ici des parens qui auraient été si heureux de la revoir, de l'accueillir et de la consoler?

ALFRED.

Il le fallait bien; mon devoir m'ordonnait de suivre mon régiment, et je ne voulais pas exposer plus long-temps des jours qui m'étaient plus précieux que les miens : j'ignorais, d'ailleurs, qu'il restât à Mlle de Waldimir des parens auxquels elle eût voulu confier son sort.

LA COMTESSE.

Maintenant je vous laisse à juger, monsieur, de tout ce que j'ai dû souffrir en entendant le récit que vous venez de me faire; car la princesse de Waldimir était ma sœur, et cette chère Aniéla, dont vous avez protégé l'existence, est ma nièce... Mais cette fête réclame ma présence; je ferai tous mes efforts pour y paraître avec le sourire sur les lèvres, lorsque j'aurai la douleur et la tristesse dans le cœur. Heureusement que ce ne sera pas long. Il faut absolument que je vous parle, que je vous revoie; et si, pour prix de votre dévoûment, il était au pouvoir du général de faire quelque chose qui vous soit agréable...

ALFRED.

La seule chose que j'envie, madame, après ma liberté, c'est le bonheur de revoir la France; mais il faut pour cela que la paix m'y ramène.

LA COMTESSE, à part.

La France... Au fait, il a raison; c'est le seul moyen de revoir celle qu'il aime, et s'il était possible au gouverneur...

ALFRED.

Eh quoi! madame, vous seriez assez bonne.

LA COMTESSE.

Je ne vous promets rien encore, parce que je crains de rencontrer des obstacles; mais je ferai mon possible, je vous le jure...

AIR : d'Yelva.

En m'unissant à vos projets, sans doute,
Je me ferai des ennemis !

ALFRED.

Songez, hélas! songez ce qu'il en coûte,
De ne plus voir ses parens, son pays!...
D'Aniéla quand le sort me réclame,
Si le bonheur me sourit quelque jour...
Que je le doive à vos bontés, madame,
Pour le devoir plus tard à son amour.

LA COMTESSE.

A minuit, trouvez-vous ici dans cette galerie, je vous ferai connaître ma réponse.   (Elle sort.)

SCÈNE IX.

ALFRED, seul.

Je reste anéanti de ce qui vient de m'arriver. Eh quoi! c'est à sept cents lieues de mon pays, sous le ciel presque sauvage de la Tartarie, que moi, pauvre prisonnier de guerre, je rencontre une hospitalité et des égards qui me rappellent les plus beaux jours de ma vie. Non, je n'aurais jamais dû m'attendre à tant de bonheur. Mais vous, Aniéla, dont le souvenir me suit jusqu'en ces lieux, me pardonnerez-vous de vous avoir abandonnée. Et pourtant, si j'étais encore sur la route de Smolensk, à ce jour où je dus choisir entre l'amour et mes devoirs, il m'en coûterait autant qu'alors; mais j'agirais de même; je suivrais l'élan de mon cœur, je partirais avec les Français...

SCÈNE X.

ALFRED; LE COLONEL MANSOUROFF, ainsi que plusieurs OFFICIERS RUSSES échauffés par le vin, entrent tenant chacun un verre de Champagne.

LE COLONEL.

AIR : Du comte Ory (Venez, amis).

Mes chers amis, sachons jouir
Des plaisirs de la vie ;
C'est ma philosophie,
Aussi j'aime à me divertir.
Buvons avec ivresse,

Et par nos chants joyeux ,
C'est le seul moyen d'être heureux ,
Bannissons la tristesse.

DEUXIÈME COUPLET.

Toujours buvant , toujours content ,
Ma vie est un voyage,
Où sans craindre l'orage,
Gai voyageur, je vais chantant.
Bercé par l'espérance,
Qui me rend la gaîté,
Je veux boire à votre santé
De ce bon vin de France.   (bis.)

TOUS.

Vive la gaîté, morbleu! et vive le bon vin!...

ALFRED, à part.

Que j'envie leur bonheur!...

LE COLONEL.

Messieurs, buvons à la santé de nos généraux
Miloradowitz et Gortschakof , qui ont battu les
Français à Bautzen.

ALFRED, à part.

Que dit-il... quelle insolence!...

UN OFFICIER.

A la santé des braves qui vivent encore !

UN AUTRE.

A la mémoire des braves qui ne sont plus!...

ALFRED, au colonel.

Monsieur, vous avez été mal informé, à ce que je
vois, car je tiens de source certaine que le maréchal Macdonald , ainsi que le général Oudinot...

LE COLONEL, interrompant.

Pardon , mon cher ; c'est qu'au contraire nous
sommes parfaitement informés , à telle enseigne
que l'empereur n'a eu rien de plus pressé que de
retourner en France...

ALFRED.

Ah ! pour le coup, c'est trop fort. Vous ignorez,
monsieur, que vous parlez devant un officier français, et qu'en insultant l'empereur vous m'insultez
moi-même. Je vous répète , moi , que vous avez
été battus à Bautzen, vous ainsi que l'armée prus-
sienne votre alliée... Et si vous en doutez encore...

LE COLONEL, interrompant.

Ce n'est pas possible, et je m'en tiens à ce que
j'ai avancé... Un gentilhomme moscovite ne doit
d'ailleurs jamais revenir sur ce qu'il a dit...
n'est-ce pas vrai , mes amis?... Certainement...

ALFRED , avec dignité.

Monsieur, comme par la même raison un officier français ne doit pas craindre de donner un
démenti formel à un gentilhomme moscovite, lorsqu'il oublie ses devoirs, je me permets de vous dire
que vous en imposez.

LE COLONEL.

Monsieur, vous m'en rendrez raison.

ALFRED.

Monsieur, comme il vous plaira.

LE COLONEL.

Le choix des armes?

ALFRED.

Je le laisse à votre volonté. L'heure?...

LE COLONEL.

Minuit , ici , dans cette galerie , pendant le feu
d'artifice...

ALFRED.

C'est convenu , et je vous attendrai... (Il sort.)

SCÈNE XI.

LES MÊMES, et l'intendant KÉRIKOFF, qui a tout
entendu.

KÉRIKOFF.

Comment , est-ce possible? qui , vous, monsieur
Ivan, vous la bonté même , vous allez vous battre ,
car j'ai tout entendu ; et pour quel motif, je vous
le demande ?

LE COLONEL.

Demande-lui plutôt, car c'est lui qui m'a provoqué.

KÉRIKOFF.

Mais que dirait votre père, monsieur le comte,
s'il savait que vous devez vous battre contre un
des prisonniers français...

LE COLONEL.

Il dirait... ce qu'il voudrait... mais mon épau-
lette m'impose le devoir de demander raison d'un
pareil outrage... et rien ne m'empêchera de le
faire... parce que je suis dans mon droit ; n'est-ce
pas vrai , mes amis ?

TOUS.

Oui , oui , sans doute.

KÉRIKOFF.

Et si je vous disais que vous avez tort, moi qui
ai tout entendu.

LE COLONEL.

Comme tu voudras ; mais en attendant, je te prie
de garder le silence le plus absolu. (Ils sortent)

SCÈNE XII.

KÉRIKOFF, seul.

Non , je n'en dirai rien au gouverneur, parce que
je connais sa sévérité , et s'il venait à apprendre
que son fils a provoqué en duel cet officier français, il voudrait en connaître le motif, et le moins
qu'il pût lui infliger pour cet acte de désobéissance
à ses volontés, ce serait de garder les arrêts forcés
dans la citadelle... et c'est ce qu'il faut à tout prix
éviter; pour cela je m'adresserai à Mme la comtesse, qui a beaucoup plus d'indulgence pour le
colonel , et elle saura me comprendre , lorsque je
lui dirai qu'il y va de l'honneur, et peut-être même
de la vie de son fils... Mais la voici...

SCÈNE XIII.
KÉRIKOFF, LA COMTESSE.

LA COMTESSE.

Oui, tous ces hommages dont je suis ici l'objet me sont à charge et me fatiguent ; car rien ne peut me distraire de mes préoccupations. Ce que cet officier français m'a raconté tout à l'heure de l'infortunée famille de Waldimir a détruit tout le plaisir que j'espérais de cette fête. Mais ce n'est pas sa faute à lui, le pauvre jeune homme, car il a fait, dans cette circonstance, preuve du plus beau dévoûment, et je serais heureuse si jamais mon fils se trouvait dans une position pareille...

KÉRIKOFF.

Madame la comtesse parle de son fils ; s'est-elle par hasard aperçue de son absence tantôt, pendant qu'elle faisait les honneurs de son salon ?

LA COMTESSE.

Que signifient cette demande et cet air de mystère ?... Parlez, je vous l'ordonne.

KÉRIKOFF.

Eh bien, madame, il n'y a qu'un instant M. Ivan est venu ici dans cette galerie avec plusieurs autres officiers d'état-major ; et là, animé qu'il était par les fumées du punch et du vin de Champagne, il a eu une altercation avec un prisonnier français, et il est convenu qu'ils doivent se réunir ici, à minuit, pour aller se battre.

LA COMTESSE.

Et pour quel motif ?... je veux le savoir...

KÉRIKOFF.

Le motif ? C'est à cause des derniers événemens de Bautzen. Le colonel prétendait que les Français ont été vaincus, et le prisonnier soutient que c'est l'armée russe qui a été battue, au point qu'ils en sont venus à des personnalités... et qu'ils ont fini par ne plus s'entendre.

LA COMTESSE.

Eh quoi, le colonel aurait ainsi méconnu les ordres de son père ! Ce n'est pas possible. Monsieur l'intendant, veuillez faire venir mon fils...

(Il sort.)

SCÈNE XIV.
LA COMTESSE, seule.

Mais ce duel ne peut avoir lieu sur un motif semblable, car si le gouverneur venait à le savoir, le colonel courrait grand risque d'être puni sévèrement. Cet officier français, d'ailleurs, ce rival de mon fils, ne peut être que mon protégé, M. de Luceval ; car tous ces autres messieurs n'ont pas quitté un seul instant le salon, et il saura m'entendre ; aussi bien, j'ai moins d'inquiétude. Mais, quelle idée ! si je pouvais... oui. (Elle sonne, un domestique paraît.) Vous irez dans le cabinet du gouverneur, vous demanderez de ma part au secrétaire les dernières dépêches de l'armée, ainsi qu'un passeport pour l'étranger, revêtu de la légalisation du gouverneur. Je me charge de le remplir des noms de la personne à laquelle il est destiné. Allez, et revenez aussitôt.

LE DOMESTIQUE.

Il suffit, madame la comtesse... (Il sort.)

SCÈNE XV.
LA COMTESSE, LE COLONEL.

LE COLONEL.

L'on m'a dit, ma mère, que vous désiriez me parler, je m'empresse de me rendre auprès de vous. Qu'avez-vous maintenant à me dire ?

LA COMTESSE.

Ivan, l'on m'a dit que vous allez vous battre ; répondez-moi avec franchise, car je serais bien malheureuse si vous me trompiez.

LE COLONEL, interrompant.

Eh bien, oui, ma mère, oui, je dois vous l'avouer, j'ai été provoqué de la manière la plus outrageante, et je me croirais indigne de porter mes épaulettes, si je n'en demandais raison...

LA COMTESSE.

On ne m'avait pas trompée ; et vous n'avez pas craint de faire de la peine à votre mère, ni d'exciter le courroux de votre père ; car vous n'ignorez pas qu'une juste et sévère punition doit être le résultat de votre conduite.

SCÈNE XVI.
LES MÊMES, UN DOMESTIQUE.

UN DOMESTIQUE.

Voici les papiers que madame la comtesse avait demandés. (Il sort.)

LA COMTESSE, après les avoir parcourus.

Et si je te disais, mon fils, que le motif de cette provocation est injuste de ta part, que cette victoire de Bautzen, qui en est le prétexte apparent, n'est malheureusement qu'un échec de plus que nous avons eu à souffrir de la part des Français, que répondrais-tu ?...

LE COLONEL.

Je répondrais que je l'ignorais, mais qu'après ce qui s'est passé entre nous, je n'aurai jamais une plus belle occasion de me faire tuer, ou de venger mon pays en tuant un Français...

LA COMTESSE.

Prends un siège, Ivan, et écoute-moi... Ce Français, cet ennemi que tu veux tuer, c'est M. Alfred de Luceval, dont le père fut lié autrefois de la plus étroite amitié avec notre famille, lorsqu'il vint pendant l'émigration habiter à Tœplitz. Un hasard, que je ne sais comment nommer, a voulu qu'il fût à même, dernièrement encore, pendant l'incendie

de Moscou, d'être utile à la famille de Waldimir,
pour laquelle il s'est généreusement dévoué.

LE COLONEL.

Eh quoi! c'est lui dont le généreux dévoue-
ment...

LA COMTESSE.

Oui; c'est lui qui a protégé l'honneur et la vie
d'Aniéla, ta cousine, et c'est cet homme que tu
veux immoler...

Air : De Teniers.

Que dirais-tu, si pour prix d'une offense
Que d'un seul mot il peut désavouer,
Un insensé risquait son existence ?...
C'est-il ainsi qu'il faut se dévouer ?...
Crois-moi, mon fils, crois-moi, le vrai courage
N'est pas toujours de mépriser la mort...
Car il en faut quelquefois davantage
Pour s'accuser quand vraiment on a tort... (*bis.*)

LE COLONEL.

Je reste anéanti; mais encore que faut-il faire?

LA COMTESSE.

Écrire à cet officier, et lui dire avec toute la
loyauté de ton caractère, que tu étais mal informé.
Ces papiers t'en fourniront d'ailleurs la preuve
irrécusable, lis...

LE COLONEL.

Puisque vous l'exigez, ma mère, je vous obéirai;
mais me pardonnerez-vous de vous avoir causé de
la peine?

LA COMTESSE.

Je te promets de tout oublier, mais à condition
que tu écriras cette lettre, et que tu signeras ce
papier.

LE COLONEL, écrivant.

C'est fait.

LA COMTESSE.

Va maintenant retrouver ton père au salon, afin
que ton absence ne soit pas remarquée plus long-
temps; va, mon fils. (Il sort à gauche, en baisant la
main de sa mère.)

ooooooooooooooooooooooooooooooooooooooooooooooo ooooooo çooooo

SCÈNE XVII.

LA COMTESSE, ALFRED.

LA COMTESSE.

Enfin je respire, et le premier pas est fait... A
l'autre maintenant; justement le voici...

ALFRED, entrant à droite avec une boîte de pistolets.

Il est minuit moins cinq minutes, et personne
n'est encore arrivé. Au reste, je suis en avance de
cinq minutes, et j'attendrai...

LA COMTESSE, à part.

Je ne m'étais pas trompée, et c'est bien lui que
j'attendais.—Ah! c'est vous, monsieur; combien
j'étais impatiente de vous revoir; mais j'étais sûre
de vous rencontrer ici...

ALFRED.

Il est vrai, madame, qu'un rendez-vous est une
chose d'honneur, et que rien ne peut excuser d'y
manquer. Mais j'ai changé d'idées, et je préfère en
ce moment rester à Kasan avec mes compagnons
d'infortune.

LA COMTESSE, à part.

Ah! nous y voilà!... (Haut.) Mais qui peut ainsi
vous faire renoncer à vos projets; car un tel changement...

ALFRED.

N'a rien qui puisse vous surprendre et vous faire
supposer...

LA COMTESSE, à part.

Il faut pourtant bien en finir. (Haut.) Eh bien!
monsieur, moi je vais vous dire la cause de ce
changement. Vous venez à cette heure, ici, à un
rendez-vous pour vous battre avec mon fils.

ALFRED, à part.

Son fils! il serait possible...

LA COMTESSE.

Oui, monsieur; mais rassurez-vous, car ce duel
n'aura pas lieu.

ALFRED.

Mais enfin s'il était vrai, madame, que j'eusse
été insulté; malgré tout le respect que je professe
pour votre personne, rien au monde ne pourrait
m'empêcher d'en demander raison.

LA COMTESSE.

Je vous comprends; mais si cet adversaire, re-
connaissant qu'il a eu des torts envers vous, car
il était mal informé, venait en homme d'honneur,
et comme un brave officier doit le faire, vous té-
moigner ses regrets de vous avoir méconnu, oui,
monsieur, méconnu; car il ignorait toute la loyauté
de votre conduite et votre dévoûment pour notre
infortunée famille, voudriez-vous encore vous
battre avec lui?... répondez-moi?...

ALFRED.

Si j'avais du moins la preuve que ses torts sont
involontaires.

LA COMTESSE.

La preuve que vous demandez, la voici... Lisez
et prononcez...

ALFRED, après avoir lu.

En effet, il reconnaît ses torts, et cela me suffit.
Le ciel m'est d'ailleurs témoin que je n'ai cherché
ni désiré un pareil combat.

LA COMTESSE.

Maintenant, monsieur, vous opposerez-vous encore à mes volontés?

ALFRED.

Non, madame, soumis à vos moindres désirs, je
fais le serment de vous obéir sans restriction.

LA COMTESSE.

Je puis me vanter que vous m'avez donné assez
de peine; mais enfin, puisque j'ai réussi, tout est
pour le mieux... Tantôt, monsieur, je vous ai pro-
mis de vous être utile et d'employer tous mes soins
pour vous rendre à la liberté. L'instant est arrivé

d'accomplir mes projets... Prenez ces papiers qui vous seront nécessaires pour regagner la France, objet de vos désirs comme de vos affections. Si dans le cours de ce périlleux voyage le courage était sur le point de vous abandonner, puisse la vue de cette lettre, le souvenir de celle à qui elle est adressée, ranimer vos forces abattues. Partez, monsieur, et n'oubliez jamais qu'aux extrémités de l'Europe, dans un pays alors en guerre avec le vôtre, vous avez trouvé des amis et des consolations... Vous trouverez aussi, au bas de l'escalier, un traîneau et un serviteur dévoué qui vous attendent. Adieu, monsieur, adieu...

ALFRED, lui embrassant la main.

Comptez sur une reconnaissance éternelle de ma part. (Il sort à droite.)

(L'orchestre joue des airs de Lestocq, et la foule arrive pour voir le feu d'artifice. Au fond du théâtre on voit le gouverneur, son fils et l'intendant. La toile tombe sur le tableau.)

ACTE TROISIÈME.

Troisième époque, 1814. Retour en France.

La scène se passe dans un château de la Basse-Bretagne. — Le théâtre représente un salon de campagne, simplement décoré.

SCÈNE I.

THIERRY, en costume de voyage et tenant une valise sous le bras.

Enfin j'arrive, et ce n'est pas sans peine; j'ai cru que je n'en finirais pas aujourd'hui. Ces notaires, ces hommes d'affaires, ils sont partout de même; et il faut avec eux une patience à vous faire perdre la tête, quand ce n'est pas autre chose. Mais c'est égal, je rapporte à madame les papiers qu'elle attendait si impatiemment, ainsi que de l'argent sur lequel elle ne comptait guère. C'est une surprise qui fait toujours plaisir. (Otant son chapeau et s'essuyant le front.) Ouf, quelle chaleur! j'étouffe.

SCÈNE II.

Les Mêmes, THIERRY, GERTRUDE.

GERTRUDE.

Te voilà donc enfin arrivé. Ah! mon Dieu, est-il possible de se mettre dans un pareil état; c'est cela, rends-toi malade, fais-toi mourir; comme si une heure de plus ou de moins ça faisait quelque chose à madame.

THIERRY.

Allons, calme-toi, ma femme; c'est vrai que j'ai un peu chaud; et tu fais bien de me gronder, parce que c'est de ma faute. Mais les affaires, vois-tu bien, c'est comme une consigne, ça ne souffre pas de retard ni d'équivoque; aussi quand madame m'a dit ce matin : « Thierry, il faut aller sur-le-champ » à Vannes, chez mon notaire, lui dire que » j'ai quelque chose d'important à lui communi- » quer, » je me suis mis en route de suite, et une heure après Cocotte et moi nous étions rendus à la ville. Il est vrai qu'en partant je me suis permis le petit verre d'eau-de-vie, le coup de l'étrier.

GERTRUDE.

Si ce n'était que cela.

THIERRY.

Pas davantage, je le jure; mais je l'ai bu à la santé de ma femme... de ma femme, qui me gronde quelquefois et que je n'en aime pas moins pour cela.

GERTRUDE.

A la bonne heure.

THIERRY.

Air : Amis, voici la riante semaine.

Voilà bientôt quinze mois, quand j'y pense,
Que malgré moi j'ai reçu mon congé;
Il m'en souvient, nous revenions en France.
Combien depuis notre sort est changé!...
Quand je me vis traité comme invalide,
Dans mes regrets vous trouvant de moitié...
Ainsi que vous j'ai pris l'hymen pour guide :
Voilà comment je me suis marié.   (*bis*.)

A propos, j'apporte des nouvelles de la ville, et de fameuses encore; on dit partout que mademoiselle va se marier.

GERTRUDE.

Mademoiselle se marier! mais quand on lui parle de mariage, elle se met aussitôt à pleurer. Je ne crois pas à cette nouvelle-là, moi.

THIERRY.

Cependant, c'est le notaire de madame qui me l'a dit en venant ici, et il doit en savoir quelque chose, car il a été consulté ces jours passés, relativement au contrat de mariage.

GERTRUDE.

Et qui épouse-t-elle, s'il vous plait?

THIERRY.

Elle épouse M. le marquis de Lussan, qui lui apporte en mariage une fortune superbe; il est vrai qu'il a soixante ans, des enfans majeurs et des épaulettes de colonel, qui, je puis le dire entre nous, ne lui ont pas donné beaucoup de peine à obtenir.

GERTRUDE.

Comment, ce vieux marquis de Lussan qui est venu la semaine dernière dîner au château?

THIERRY.

Lui-même et en personne : voilà ce que l'on dit partout à la ville..

GERTRUDE.

Mais il a plus du double d'âge de mademoiselle, et il pourrait au besoin lui servir de père et même de grand-père.

THIERRY.

Ça ne fait rien et l'on ne tient pas à l'âge. Mais voilà le plus curieux de l'histoire. Imagine-toi que ce matin, comme je passais sur la place du marché, j'aperçois le régiment qui était sous les armes, en grande tenue, musique et sapeurs en avant... Un coup-d'œil superbe. Je m'approche naturellement comme tous les curieux, et qu'est-ce que je vois !... monsieur le marquis de Lussan, assis dans une belle voiture découverte et faisant ainsi manœuvrer et défiler devant lui ce régiment dont il vient d'être nommé le colonel. « Mille cartouches ! que je me suis dit aussitôt, oh ! celui-là n'était pas à Wagram ni à Friedland, j'en répondrais bien.

Air : Aux temps heureux de la chevalerie.

Mais un pareil équipage embarrasse ;
Pourquoi, morbleu ! se présenter ainsi !...
Un colonel doit se montrer en face,
Et le premier marcher à l'ennemi.
Quand, de mon temps, sur les champs de bataille,
Chefs et soldats nous trouvions le trépas ,
Si nous marchions gaîment à la mitraille,
C'est que nos chefs étaient de bons soldats.

Si jamais M. Alfred revient, il n'a qu'à bien se tenir celui-là , je ne lui en dis pas davantage.

GERTRUDE.

Tu entends bien que si mademoiselle consent à ce mariage-là , ce n'est que par obéissance pour les volontés de madame , qui l'a accueillie dans cette maison comme son enfant ; car elle ne se consolera jamais de la perte de M. Alfred.

THIERRY, à voix basse.

Silence... parle plus bas, te dis-je... M. Alfred. Eh bien ! moi, si tu veux que je te dise sérieusement ma pensée , je crois qu'il n'est pas mort et qu'il reviendra à quelque matin, au moment où on l'attendra le moins.

GERTRUDE.

Et son acte de décès que l'on a reçu de la municipalité de Smolensk.

THIERRY.

Qu'est-ce que cela prouve ? qu'il y a bien des gens dont on a reçu l'extrait mortuaire, que l'on a crus morts par conséquent, et qui ne s'en portent pas plus mal pour cela.

GERTRUDE.

Non, mademoiselle ne se consolera jamais de son absence, et tant qu'il lui restera quelque espoir, tous ses vœux et son amour seront pour lui ; ça ne peut pas être autrement après ce qui s'est passé.

(Ils sortent par la porte du fond.)

ooɔooɔɔooɔooɔɔoɔɔooɔɔoɔɔooɔɔoɔɔooɔɔoɔɔooɔɔoɔɔooɔɔooɔɔɔɔ

SCÈNE III.

ANIELA , Mme DE LUCEVAL.

Mme DE LUCEVAL.

Oui , ma chère amie, plus je réfléchis à la demande de M. de Lussan, plus je trouve ce parti convenable sous tous les rapports. Le marquis n'est plus à la vérité un jeune homme, mais il sera pour vous un guide plus sûr et un mari moins exigeant.

ANIÉLA.

Madame...

Mme DE LUCEVAL.

Héritier d'un beau nom, sa fortune est plus que suffisante pour vous faire tenir un rang et un état honorables dans le monde.

ANIÉLA.

Le ciel m'est témoin que ce sont moins les avantages que peut m'offrir M. de Lussan , que le désir d'obéir à vos volontés, madame, qui pourra me décider à une union à laquelle je n'aurais jamais pensé ; car je ne sais comment m'expliquer...

Mme DE LUCEVAL

Mais, au contraire, et rien n'est plus facile que d'expliquer le penchant que le marquis a pour vous. Veuf en premières noces d'une femme charmante qu'il avait épousée dans l'émigration, dès qu'il vous a connue, le marquis a cru rencontrer en vous les aimables qualités qui l'avaient séduit dans sa première union... C'est alors qu'il a songé à vous épouser et qu'il m'a demandé votre main.

ANIÉLA.

Mais pourquoi vous cacher plus long-temps mes sentimens à vous, madame, qui m'avez comblée de tous vos bienfaits, vous que je regarde comme ma seconde mère.

Mme DE LUCÉVAL.

En effet, parlez, mon enfant, parlez.

ANIÉLA.

Eh bien ! vous l'avouerai-je ? je me trouve si heureuse auprès de vous, que je ne voudrais jamais vous quitter ; aussi bien je ne songe pas à me marier encore.

Mme DE LUCEVAL.

Je vous comprends et je vous remercie. Mais songez donc que vous êtes seule en France, sans famille et sans fortune.

ANIÉLA.

Madame, de grâce...

Mme DE LUCEVAL.

Pardon si je vous rappelle des pertes dont le souvenir doit vous être pénible. Mais vous êtes, par un plus grand malheur encore, vous êtes jeune et jolie ; réfléchissez alors à tout ce que la séduction oserait tenter auprès de vous... Songez à votre avenir, mon enfant... et prononcez...

ANIÉLA.

Mon avenir... Oui, ce mot me révèle désormais ce que j'ai à faire. Vos vœux seront exaucés, madame , et quelle que soit la personne que vous me présenterez pour époux, je l'accepte d'avance. Mais qu'il sache se contenter de ma main, car mon cœur , faut-il vous le dire, mon cœur ne m'appartient plus... les flots de la Bérézina ont détruit tout ce que j'aimais.

Mme DE LUCEVAL , émue.

Que dites-vous ?... mon fils... Oh ! oui, en effet, lui seul était digne de vous posséder... c'était d'ailleurs mon unique désir et ma plus chère espérance.

Air : *J'en guette un petit de mon âge.*

Oui, je voulais auprès de ma famille
Vous attacher par un lien plus doux.
Je me disais : « Elle sera ma fille,
» Dès que mon fils reviendra parmi nous. »
Mais cet hymen dont mon cœur désespère,
Tous ces projets si prompts à s'effacer...
Je sens, hélas ! qu'il faut y renoncer ;
  C'est bien cruel pour une mère !!!   (*bis.*)
Je ne puis être votre mère...

ANIÉLA, vivement.

Pardon, madame, pardon ma bienfaitrice, si je vous cause autant de peine... vos vœux seront exaucés.

Mme DE LUCEVAL.

Venez, mon enfant, venez, nous reparlerons de nos projets ; et en attendant l'heure du dîner, nous ferons une promenade dans le parc. (Elle sonne un domestique qui paraît aussitôt.) Faites mettre les chevaux à la voiture... Venez, j'ai besoin de prendre l'air.   (Elles sortent.)

SCÈNE IV.
GERTRUDE, seule.

Mon Dieu, quel air triste et désespéré !... comme cela promet pour un contrat de mariage ! Mais mademoiselle qui d'ordinaire est si bonne et si affectueuse pour tout le monde !... Allons, il y a quelque chose dans ce mariage-là qui ne va pas, et j'en reviens toujours à ma première idée, je n'y croirai que lorsque le maire et le notaire auront passé par là.

SCÈNE V.
THIERRY, en colère, GERTRUDE.

THIERRY.

Mais conçoit-on une chose pareille ? pas un mot de remercîment, au contraire... Aimez donc les gens, soyez-leur dévoué, et voilà ce qui vous en revient... Mais, morbleu ! ça ne se passera pas ainsi, l'on me mettra à la porte, l'on me chassera... Eh bien ! tant mieux, cela ne m'empêchera pas de dire la vérité.

GERTRUDE.

Mais à qui en as-tu !... d'où vient ta colère !...

THIERRY, sans s'arrêter.

Je lui dirai : Madame, puisque mon service ne vous convient plus et que mes conseils vous déplaisent, chassez-moi de chez vous, je trouverai peut-être une place où l'on ne me reprochera pas le pain que je mange.

GERTRUDE.

Quelle folie !... ne vois-tu pas que le baromètre de la maison est à la tempête depuis qu'il est ques-

ANIÉLA.

tion du mariage de mademoiselle Pourquoi es-tu si susceptible ? Tu crois toujours que l'on veut t'offenser.

THIERRY.

Moi, je ne fais pas de phrases ni d'embarras, et lorsque je crois qu'une chose est bonne à dire, je la dis franchement et sans arrière-pensée : voilà pourquoi je me suis permis de dire à madame que ce mariage-là n'a pas le sens commun...

GERTRUDE.

Mais qui est-ce qui te prie de dire ces choses-là ? de quoi te mêles-tu, je te le demande. Quand je te dis que tu ne fais que des sottises aussitôt que tu es seul.

THIERRY.

Me traiter en valet... me dire que cela ne me regarde pas... Moi, mille bombes, qui donnerais mes jours pour toute cette famille-là. Oh ! ça me fait une peine !...

Air : *Vaudeville du Charlatanisme.*

Tout est fini, je le vois bien,
Dans cet' maison je suis à charge ;
Moi, leur ami, moi, leur soutien,
Se peut-il qu'ainsi l'on m'outrage !...
Aux Invalides désormais
J'irai demander une place...

GERTRUDE.

Songe donc à ce que tu fais !...

THIERRY, avec emportement.

Je ne veux plus de leurs bienfaits...
Allons-nous-en puisqu'on nous chasse.. (*bis.*)
                    (Il sort.)

SCÈNE VI.
GERTRUDE.

Ah ! mon Dieu, mon Dieu, quelle tête !... C'est qu'il le ferait au moins comme il le dit. Oh ! les hommes, les hommes, et surtout celui-là qui ne veut jamais entendre raison. Je sais bien qu'il a un cœur excellent ; mais cela ne suffit pas toujours en ménage ; et quand une fois il a une idée, c'est fini, il n'en démord pas. Heureusement que je suis là pour y mettre bon ordre ; car enfin il a tort de se mêler de ce qui ne le regarde pas : comme si mademoiselle ne pouvait pas se marier sans son consentement.

SCÈNE VII.
GERTRUDE, LE MARQUIS DE LUSSAN.

LE MARQUIS, tenant son mouchoir sur son visage.

Peste soit du maraud qui a failli me casser la tête !.. Se précipiter sur moi, comme un furieux en démence, voit-on rien de plus sot et de plus déplacé ! Mme de Luceval ?

GERTRUDE.

Elle est sortie.

LE MARQUIS.

Elle est sortie, si l'on veut. Dites-lui de ma part que c'est le marquis de Lussan qui désire lui parler.

GERTRUDE.

J'ai déjà eu l'honneur de dire à monsieur que madame est sortie ; je lui répète qu'elle ne rentrera que pour l'heure du dîner.

LE MARQUIS.

Il suffit : dans ce cas, j'attendrai.

GERTRUDE.

Comme il plaira à monsieur... Je suis bien votre servante. (Elle sort.)

SCÈNE VIII.

LE MARQUIS, seul.

Ces valets sont aujourd'hui d'une impertinence. Avant 89, on n'aurait jamais vu une chose pareille. Mais patience, une fois maître de la place, une fois marié, je les chasse tous sans pitié. Me traiter ainsi sans façon, moi, le marquis de Lussan, moi, le petit neveu d'un cardinal qui fut en faveur sous la régence. Oh ! je saurai bien les punir de leur audace... Mais il paraît du reste que Mme de Luceval est sortie ainsi que son aimable protégée... il faut donc se résigner à les attendre... Prenons patience en lisant cette feuille. (Il lit le journal haut.) « Le roi » est sorti pour aller passer en revue plusieurs ré- » gimens de la garde royale ; sa majesté a été ac- » cueillie sur son passage avec le plus vif enthou- » siasme et aux cris mille fois répétés de : Vive » le roi !... » Ces bons Parisiens, je les reconnais bien là.

AIR : du Premier pas.

PREMIER COUPLET.

Vive le roi !
C'est le cri de la France :
Nos cœurs unis se rangent sous sa loi.
D'un peuple entier terminant la souffrance,
Il nous rendit le bonheur, l'espérance...
Vive le roi ! (*bis.*)

DEUXIÈME COUPLET.

Vive le roi !
Dont l'auguste présence
De ses enfans a ranimé la foi :
Oui, désormais, la paix et l'abondance
Refleuriront dans notre belle France.
Vive le roi ! (*bis.*)

Mais j'entends une voiture qui s'arrête dans la cour du château ; ce sont sans doute ces dames [qui reviennent de leur promenade. Allons au devant d'elles...

SCÈNE IX.

LE MARQUIS, Mme DE LUCEVAL, ANIÉLA.

LE MARQUIS.

Eh ! bonjour, belles dames, que je suis aise de vous revoir. Mademoiselle, veuillez recevoir mon hommage.

ANIÉLA, à part.

Oh mon Dieu, je ne sais pas ce que j'éprouve... mais je crois que je tremble plus fort que tantôt.

Mme DE LUCEVAL.

Nous sommes vraiment désolées, mon cher marquis, de vous avoir fait attendre. Il est vrai que c'est la faute du cocher qui nous a égarées dans un chemin qu'il ne connaissait pas ; il nous a fallu revenir sur nos pas, ce qui nous a fait faire une course à peu près inutile. Mais ce qui vous consolera, c'est que durant le trajet nous n'avons cessé de nous entretenir de vous et de vos projets.

LE MARQUIS.

Comment, vous avez eu la bonté de vous occuper de moi ?

Mme DE LUCEVAL.

Oui, sans doute ; et cette chère enfant connaît maintenant vos intentions ; le reste sera votre ouvrage.

LE MARQUIS.

Eh ! quoi, mademoiselle, vous seriez assez bonne pour consentir... Ah ! daignez me dire de suite...

ANIÉLA.

Vous voulez que je vous réponde, monsieur... Eh bien ! je vous dirai, avec une égale franchise, que si quelque chose peut m'étonner encore, c'est le motif qui vous a engagé à songer à moi, moi qui vous suis entièrement étrangère, et qui vous connais à peine.

LE MARQUIS.

Mais c'est justement ce qui vous trompe, car depuis long-temps je vous ai remarquée. Oui, tout en vous me rappelle une personne que j'aimais et que j'épousai à Mittau pendant l'émigration. Mais après quatre années de félicité parfaite, je devins veuf et restai seul avec deux enfans en bas-âge...

Mme DE LUCEVAL.

Sans doute il vous aimait par ressemblance et voulait vous épouser par analogie.

ANIÉLA.

Mais ce que vous ignorez peut-être aussi, monsieur, c'est que je suis sans fortune, et qu'après avoir goûté toutes les douceurs d'une position aussi heureuse que brillante, je me suis vue un jour tout à coup privée de ma famille et éloignée de mon pays ; car l'histoire de ma vie est un véritable roman, et si je l'ai conservée, c'est aux soins d'un généreux étranger que je le dois.

Mme DE LUCEVAL.

Oui, ma chère amie, le marquis est instruit de tous ces détails qui font tant d'honneur à notre famille.

ANIÉLA.

Voilà d'où vient ma tristesse habituelle ; vous pouvez aisément vous en rendre compte en songeant aux personnes que vous aimiez autrefois et que vous avez eu le malheur de perdre. Jugez alors si mon caractère doit vous convenir.

LE MARQUIS.

Il est donc un sacrifice que je puis faire pour vous , une preuve d'attachement que je puis vous donner ; car cette fortune que je dépose en ce moment à vos pieds, je la dois à un frère qui me l'avait conservée et qui vient de mourir tout dernièrement sans enfans. Comme vous, mademoiselle, j'ai passé par de mauvais jours , et souvent il m'a fallu du courage et de la résignation... Vous pouvez donc vous en rapporter à mon expérience pour tout ce qui concerne votre avenir et votre bonheur.

ANIÉLA.

Mais, monsieur... je n'ai rien dit qui puisse vous faire supposer...

LE MARQUIS.

Oh! rassurez-vous, j'ai encore les goûts d'un jeune homme, et malgré mes soixante ans , j'aime à m'amuser. Si je me remarie, c'est pour jouir de la vie ; aussi j'ai un projet tout arrêté que je veux mettre à exécution. Tous les ans, nous passerons l'hiver à Paris , au milieu des bals, des concerts, des spectacles...

Mᵐᵉ DE LUCEVAL.

Ce cher marquis, il est si aimable...

ANIÉLA.

Comment, il serait vrai?...

LE MARQUIS.

Oui, nous aurons une loge aux Bouffes et à l'Opéra, toujours pour ma femme ; mais ce n'est pas tout encore :

Air : de la Robe et des Bottes.

J'aurai pour elle un brillant équipage,
Puis un hotel, des gens, *et cœtera...*

ANIÉLA.

Mais à quoi bon un pareil entourage ?
Ne peut-on pas vivre heureux sans cela !...

LE MARQUIS.

Oui, ces plaisirs qu'on ignore en province,
Dont à Paris l'on ne peut se passer,
Me donneront l'existence d'un prince...

ANIÉLA.

J'aimerais mieux ne pas tant dépenser.

LE MARQUIS.

Eh bien! soit... nous ferons des économies si vous l'aimez mieux ; et je n'agirai dorénavant que d'après vos désirs et vos volontés.

ANIÉLA.

En vérité, c'est trop de bonté de votre part, et je ne sais comment vous remercier.

Mᵐᵉ DE LUCEVAL.

Vous oubliez que le notaire est là , qui vous attend. Venez, cher marquis ; vous êtes l'homme du monde le plus heureux que je connaisse.

LE MARQUIS.

Oui, mademoiselle, voilà comme je suis.

(Ils sortent.)

SCÈNE X.

ANIÉLA , seule.

Enfin il est parti, il s'éloigne et je respire. L'on ne peut pas s'imaginer tout ce qu'il faut de courage à une pauvre jeune fille pour se posséder dans de pareils momens et répondre quelque chose qui ait le sens commun ; parce qu'enfin l'on ne fait pas une impertinence à quelqu'un qui veut vous faire une politesse... Oui, malgré son age , je suis persuadée que M. de Lussan rendra sa femme parfaitement heureuse ; mais pourquoi faut-il qu'il ait songé à m'épouser ? moi que l'idée seule du mariage rend si malheureuse !... Ah ! c'est que mon cœur ne m'appartient pas, que je ne puis plus en disposer ; c'est qu'il est des souvenirs et des affections dont le temps ni l'absence ne peuvent jamais complétement effacer les traces... alors on ne songe pas à se marier ni à en épouser d'autres...

Air : **La pauvre vieille pleura** (romance de Mᵐᵉ Duchambge).

Reviendra-t-il celui que j'aime ,
Celui que je perdis un jour ?
Mais hélas! dans mon trouble extrême,
Je n'ose espérer son retour...
Cédant à son ardeur guerrière
Qui l'emportait dans les combats,
Il partit malgré ma prière.,.
Depuis lors il ne revint pas...
Je l'attends, il ne revient pas.

Je le vois encore... un secret pressentiment l'avait agité toute la nuit... « Si je viens jamais à succom- » ber, me dit-il, promettez-moi d'aller en France » retrouver ma mère, elle vous accueillera avec » bonté, en mémoire de son fils... » Le lendemain , il avait disparu... et pour ne plus revenir... Voilà bientôt quinze mois que l'on n'a pas reçu de ses nouvelles. Aussi, dans cette maison, l'on ne parle plus de M. Alfred qu'au passé , à voix basse, et le moins souvent possible...

SCÈNE XI.

ANIÉLA , THIERRY, GERTRUDE.

GERTRUDE.

Pardon, mademoiselle, si nous venons vous déranger ; mais Thierry veut absolument parler à madame, et il n'y a pas moyen de le faire changer d'idée.

ANIÉLA.

Que peut-il avoir à lui dire ? Au reste, je suis toute disposée à l'entendre, qu'il parle...

GERTRUDE.

Allons, dis ce que tu as, puisque mademoiselle
le désire.

ANIÉLA.

En effet, d'où vient cet air contraint et embar-
rassé. Vous manque-t-il quelque chose ici? parlez,
répondez-moi, Thierry...

THIERRY.

A moi, mademoiselle? oh! mon Dieu, non, car
on me donne toujours plus que je ne demande.

ANIÉLA.

Eh bien! alors, de quoi vous plaignez-vous?

GERTRUDE.

Puisqu'il n'a pas le courage de vous dire la vérité,
moi je vais tout vous raconter... Thierry s'imagine
qu'on lui en veut dans cette maison, et que madame n'a pas l'intention de nous garder... parce
qu'elle lui a parlé ce matin un peu plus vivement
que d'ordinaire... alors il venait vous remercier et
vous faire ses adieux... avant de partir...

ANIÉLA.

Et c'est sur un motif semblable que vous avez
songé à nous quitter? Ah! c'est bien mal à vous,
Thierry, et j'étais loin de m'attendre à un tel oubli
de votre part.

GERTRUDE.

Quand je le disais.. J'étais bien sûre qu'il allait vous faire de la peine.

ANIÉLA.

Air : Rappelez-moi, je reviendrai.

Qu'ai-je entendu! je ne puis vous comprendre.

THIERRY.

De vos bienfaits je venais m'acquitter.

ANIÉLA.

Un tel oubli doit me surprendre...

GERTRUDE.

Lui seul, mam'selle, il voulait vous quitter.

THIERRY.

Puisqu'en ces lieux on m'insulte, on m'outrage...

GERTRUDE.

De vos bontés moi je me souviendrai;
Et, quel que soit l'hymen qui vous engage,
Comptez sur moi, je vous suivrai..

Oui, mademoiselle, rien ne pourra m'empêcher
de remplir mes devoirs, et je resterai avec vous.

ANIÉLA.

Mais enfin, qui peut vous donner une pareille
idée; car il n'est assurément personne dans cette
maison qui veuille vous faire de la peine.

THIERRY.

C'est à cause de votre mariage que je m'en vais,
parce que je sais que vous allez vous marier.

ANIÉLA.

Et quand il serait vrai, je ne vois pas trop pour
quelle raison vous voulez quitter une maison où
vous avez été comblé de bienfaits.

THIERRY, à part.

Que dit-elle.. Oh! je n'y tiens plus et il faut
que je parle à mon tour. (Haut.) Eh bien, mademoiselle, moi qui sais tout l'attachement que ce

pauvre monsieur Alfred avait pour vous, moi qui
me rappelle encore les dernières paroles qu'il m'a-
dressa en nous quittant, moi enfin qui n'ai jamais
ajouté foi à la nouvelle de sa mort, malgré tous ces
chiffons de papier que l'on a reçus de la municipalité de Smolensk, j'ai cru qu'il m'était permis dans
votre intérêt, parce que je vous aime au moins, de
dire à madame tout ce que je pensais de votre prétendu et de votre mariage.

GERTRUDE.

Oui, mademoiselle, il a eu l'audace...

ANIÉLA.

Puisqu'il croyait agir dans de bonnes intentions,
je ne peux pas lui en vouloir.

THIERRY.

Mais madame n'a pas été de votre avis, à ce
qu'il paraît, car elle m'a très mal reçu et m'a dit
que je me mêlais de ce qui ne me regarde point.
Comme si, morbleu! je pouvais être indifférent à
tout ce qui doit rendre votre sort heureux ou malheureux! Voilà d'où vient ma colère, et c'est ce qui
fait que je venais demander une explication à madame, avant de vous quitter.

ANIÉLA.

Aussi pourquoi avez-vous parlé à Mme de Luceval
de son fils? Vous savez qu'il n'en faut pas davantage pour la rendre triste et malheureuse pendant
plusieurs jours. Thierry, si vous avez de l'attachement pour moi, j'exige que vous m'en donniez la
preuve en renonçant sur-le-champ à vos projets.

THIERRY.

Si j'ai de l'amitié pour vous, mille bombes! Ah!
mademoiselle, je croyais vous l'avoir déjà prouvé...
Je sais bien qu'il n'en est pas ainsi de votre prétendu, M. le marquis de Lussan... Celui-là nous
déteste, et il nous renverra parce qu'il veut éloigner
de lui tout ce qui lui rappelle son âge.

ANIÉLA.

Quelle idée!

GERTRUDE.

Oui, mademoiselle, voilà ce qu'il ne cesse de
me répéter depuis ce matin; comme si madame
avait jamais eu l'intention de l'offenser! En vérité, ça n'a pas le sens commun.

ANIÉLA.

Mais voici Mme de Luceval, vous pouvez vous as-
surer par vous-même si vos soupçons étaient ou
non fondés.

SCÈNE XII.

LES MÊMES, Mme DE LUCEVAL, LE MARQUIS.

Mme DE LUCEVAL.

Oui, mon cher marquis, cette donation est indis-
pensable pour votre bonheur commun, parce qu'enfin vous avez des enfans d'un premier mariage et
qu'ils pourraient bien venir un jour...

LE MARQUIS.

Il n'est rien que je ne fasse pour obtenir la main
de votre aimable protégée. Je souscris donc d'a-
vance à toutes vos volontés.

Mme DE LUCEVAL.

C'est tout ce que je demandais. Maintenant, ma chère amie, que tous les obstacles sont levés, et que votre avenir est assuré de la manière la plus certaine, c'est à vous à répondre à monsieur.

ANIÉLA.

Votre volonté, madame, sera toujours la mienne, et M. de Lussan peut compter d'avance sur toute ma reconnaissance.

LE MARQUIS.

Vous êtes bien bonne ; assurément cela n'en vaut pas la peine.

THIERRY.

Mais pardon, madame, si je viens en ce moment...

Mme DE LUCEVAL.

En effet, Thierry, je suis bien aise de vous remercier de votre zèle et de votre exactitude. Votre compte du mois dernier est parfaitement exact ; aussi j'ai voulu vous donner une petite indemnité sur les fonds que vous m'avez rapportés ce matin, c'est de l'argent trouvé et il est juste que vous en ayez votre part.

THIERRY, à part.

Allons, voilà que je ne sais plus ce que je fais ni ce que je dis à présent.

Mme DE LUCEVAL.

Oui, c'est mon intention...

THIERRY.

Comment, madame, ce que vous m'avez dit tantôt, vous ne le pensiez donc pas, vous l'avez donc oublié ?..,

Mme DE LUCEVAL.

Que voulez-vous dire ? je ne vous comprends pas.

THIERRY.

Ah ! si vous saviez le mal que cela m'a fait ! Mais puisque vous l'avez oublié, n'en parlons plus, c'est une affaire terminée. Mais ça m'a fait une peine...

GERTRUDE.

Voilà comme il est, aussitôt qu'il croit que l'on a voulu lui manquer, c'est fini, sa tête n'y est plus, et il est impossible de lui faire entendre raison.

Mme DE LUCEVAL.

Mais qu'il se rassure, car je n'ai jamais eu l'intention qu'il me supposait.

LE MARQUIS, à part.

En vérité ces petites gens sont incroyables, ça se figure des différences et ça veut avoir des sentimens. Vraiment c'est d'un ridicule...

Air : Duo du Maçon : Allons encor, madame Bertrand.

Mme DE LUCEVAL à THIERRY.

Veuillez nous laiser un instant...

THIERRY ET SA FEMME.

Nous obéissons sur-le-champ.

(Ils sortent.)

SCÈNE XIII.
ANIÉLA, LA MARQUISE, Mme DE LUCEVAL.

LE MARQUIS.

Daignez accepter mon hommage,
En rendant mon bonheur certain...

Mme DE LUCEVAL.

Et, pour hâter le mariage,
Fixons le contrat à demain...

ANIÉLA.

Eh quoi ! demain...
Me marier, est-ce possible !

Mme DE LUCEVAL.

Oui, car il faut un jour, au moins,
Pour que nous ayons nos témoins...

LE MARQUIS.

Mais le notaire est disponible...

ENSEMBLE.

LE MARQUIS.

Doux espoir pour mon cœur !
Ah ! rien n'égale mon ardeur :
Car je le crois, sur mon honneur,
Malgré mes soixante ans,
Je suis encor dans mon printemps,
Je vaux nos jeunes gens...
Veuillez, veuillez combler mes vœux,
Par cet hymen qui doit me rendre heureux.

Mme DE LUCEVAL.

Doux espoir pour son cœur !
Ah ! rien n'égale son bonheur,
Mais qu'il conserve son erreur ;
Car, pour moi, je le sens,
L'hiver est bien loin du printemps,
Quand on a soixante ans.
Veuillez, veuillez combler ses vœux,
Par cet hymen qui va le rendre heureux.

ANIÉLA.

Quel instant pour mon cœur !
Hélas ! je tremble de frayeur.
N'est-ce pas risquer mon bonheur,
Si je signe et me rends ?...
L'hiver est si loin du printemps,
Quand on a soixante ans.
Faut-il, hélas ! combler ses vœux
Par cet hymen qui doit le rendre heureux ?...

SCÈNE XIV.
LES MÊMES, THIERRY, apportant une lettre.

THIERRY, d'un air agité.

Mais voici, madame, une lettre
Que l'on apporte en ce moment.

Mme DE LUCEVAL, la prenant.

Marquis vous voulez bien permettre ?...

LE MARQUIS.

Comment, madame, assurément...

Mme DE LUCEVAL., après avoir ouvert la lettre.

Eh quoi, vraiment !...
Dieu ! qu'ai-je vu ! quelle surprise !...
(Elle s'évanouit).
Je me sens mourir, mes amis...
Le ciel me rend enfin... mon fils...

TOUS.

Son fils...

ANIÉLA, émue.

Permettez que je lise...

(Elle lit haut ce qui suit :)

« Ne pensez plus à vos chagrins, ma bonne mère,
» car je vais enfin vous revoir. Le ciel récompense
» aujourd'hui la piété filiale d'Aniéla, puisqu'il m'a
» permis de revenir et de lui offrir les vœux et la
» main d'un époux... »

(Dans ce moment, chacun s'empresse autour de Mme
de Luceval à qui l'on prodigue les soins que son
état réclame. L'orchestre joue, avec la sourdine, l'air de
Janot et Colin : *Beaux jours de notre enfance.*)

SCÈNE XV.

LES MÊMES, ALFRED.

THIERRY, près de la porte.

Entrez, mon lieutenant, venez jouir de l'effet que
produit votre présence, car, Dieu merci, tout le
monde est heureux de votre retour.

ALFRED, se jetant dans les bras de sa mère.

Ma mère, ma bonne mère !

Mme DE LUCEVAL, avec émotion.

Mon fils, oh ! oui, mon fils... embrasse-moi encore une fois, ce jour est le plus doux ma vie, car
je ne croyais plus te revoir.

ALFRED.

Chère Aniéla, je vous retrouve aussi.

THIERRY.

Je suis si content que j'en pleure de joie. Ah !
mon lieutenant, que de fois j'ai pensé à vous...

GERTRUDE.

Et moi aussi, combien je vous ai regretté...

ANIÉLA, avec tendresse.

Oui, mon ami, mon cœur vous attendait et un
secret pressentiment me disait, là, que je vous re-
verrais un jour.

LE MARQUIS, à part.

Voilà une scène d'attendrissement et de reconnaissance de famille qui ne laisse pas que d'être
fort intéressante. Mais il paraît que, pour l'instant, on regarde un prétendu comme zéro, car on
ne fait pas la moindre attention à moi.

Mme DE LUCEVAL.

Ce cher enfant... viens que je te presse encore
une fois sur mon cœur.

ALFRED.

C'est à vous, chère Aniéla, c'est à votre bon souvenir, mes amis, que je dois d'avoir résisté à tous
les maux qui m'ont accablé. Oui, sitôt qu'il m'arri-
vait quelque chose de fâcheux, je pensais à vous, à
tous ceux qui me sont chers, et bientôt le courage
me revenait.

AIR : De la sentinelle.

Quand du malheur éprouvant les leçons,
S'offrait à moi votre image chérie,
Combien de fois à mes illusions,
J'aurais borné le charme de ma vie.
Mais comme, hélas ! le bonheur a son tour,
Je me disais, conservant l'espérance :
Souffrons... puisque sa main, un jour,
Sera le prix de mon amour,
Et son bonheur ma récompense.

Mme DE LUCEVAL.

Vous voyez, mon cher monsieur de Lussan,
combien le retour de cet enfant chéri nous rend
tous heureux. Vous partagez notre joie, n'est-il pas
vrai ? Quant à nos projets de mariage, vous com-
prenez qu'il n'y faut plus penser. Ces chers enfans...

LE MARQUIS, à part.

Décidément c'est une mystification ; mais ce qui
me console, c'est qu'elle n'était ni prévue ni com-
binée. Il ne me reste plus qu'un parti à prendre, pour sortir d'embarras : c'est d'écrire, sur le
champ, au ministre pour lui demander un changement de garnison, car je vois que ma présence en
ces lieux devient tout à fait inutile.

THIERRY.

Sans rancune, monsieur le marquis.

LE MARQUIS, à part.

Que le diable t'emporte !

Mme DE LUCEVAL.

Allons, mes amis, profitons de cette heureuse
journée pour nous rapprocher et nous aimer davantage ; car rien ne peut plus aujourd'hui nous séparer. Prenons aussi pour notre devise ces mots qui
sont de circonstance : *Union et oubli.*

TOUS.

AIR : Par l'amitié (de la Mansarde).

Fêtons la paix
Qui désormais
Assure le bonheur en France...
Plus de secrets,
Plus de regrets :
Fêtons la paix
Et ses bienfaits.

ANIÉLA, au public.

AIR : De la poupée : l'on m'a vu, etc.

Une orpheline, en ce moment,
Attend de vous l'arrêt suprême,   (*bis.*)
Qui doit prolonger son tourment,
Ou la fixer dans un pays qu'elle aime.   (*bis.*)
Montrez-vous, Messieurs, indulgens
Lorsqu'elle vient vous demander asile...
Et traitez-la comme de bons parens ;
Qu'elle trouve en vous sa famille...

FIN D'ANIÉLA.

Imprimerie de BOULÉ et Cᵉ, rue Coq-Héron, 3.

9 782329 063355